고구려 겨울

윤명철

서 문

봄날의 따사함과 꽃 향기에 일생을 거는 나비같은 사람이 있듯이
한 여름 날 바다 한 가운데에서 치루는 태풍맞이에서 희열을 느끼는 사람도 있듯이
그리고
한 겨울 날.
산속이고 들판이고 초원이고 강물위고, 하늘 아래 바다를 빼놓고는 어떤 공간에도 예외없이 얼음덩이와 눈으로 뒤 덮인 原鄕의 세상을 헤갈하며 존재까닭을 확신하는 사람도 있다.
한 때나마 온 존재를 오그라뜨리는 겨울날이 오지 않고, 세상을 빛으로 바스라뜨린 눈발이 펄펄

날리지 않는다면 내 눈길이 머무는 세상은 얼마나 무심할까?
겨울은 내게 어린 날이었고, 눈은 늘 기억 속에 새겨진 妙한 문신이었다.

눈은 참 여러 곳을 찾아다닌다.

알타이산의 눈
바이칼의 눈
흥안령과 초원의 눈
백두산의 눈
그리고
흑룡강의 눈
송화강의 눈
두만강의 눈
압록강의 눈

들이 있다.

겨울에도 참 많은 종류가 있다.
단군의 겨울
해모수와 유화의 겨울
너와 우리들의 겨울
그리고
고구려 겨울도 있다.

사람들은, 최소한 내 둘레에서 나와 더불어 엇비슷한 공기를 호흡하고 밋밋한 물 맛을 보는 이 곳 사람들은 고구려의 겨울을 잘 모른다. 고구려를 제대로 알지 못하듯이 말이다. 고구려 겨울을 채운 흙갈색 바람결과 샛별같은 공기, 푸른 늑대의 갈기처럼 빛나는 얼음덩이들, 삼족오의 부리 끝에 매달린 해알처럼 희디 흰 눈송이들을 본 적이 없다.

그래서 그들이 겨울을 어떻게 맞이하고, 어떻게 갈무리하며, 어떤 방식으로 애지중지 키웠는지 모른다. 고구려애들이 조약돌 만 한 손바닥으로 꾹꾹 뭉친 눈송이의 때깔과 보드라움을 알 길 조차 없다.

언젠가 북만주의 눈(嫩)강 근처 초원에서 말 세 필 사서 주몽이 남진하던 길을 따라 말타고 내려온 때가 있었다.

고구려 햇살을 맞은 몸뚱이에서 솟구쳐 말 잔등과 나를 한 몸뚱이로 엮은 것은 땀방울이었지만, 노을처럼 불붙는 머리칼을 헤치며 아지랭이처럼 피어오른 꿈은 고구려 눈발이었다. '말타는 고구려의 여름이 이렇다면 눈발이 휘날리는 고구려의 겨울은 어땠을까?'

그 후 몇 년의 세월이 흘러갔고, 2001년 1월 1일과 3월 1일 나는 고구려 겨울 속에 서있었다. 주몽의 야무진 첫 꿈이 영근 오녀산성을 찾은 나는 고구려 눈밭을 밟았고, 역사학자로서 고구려 겨울의 심오하고 절실한 의미를 그제야 조금 알았다. 그래서 고구려겨울을 길게 길게 써 내려갔다. 그리고 독립군의 핏물이 스며든 해란강가의 일송정에서 켜켜 쌓인 고구려 겨울이 열기로 환생한 것을 느끼면서 글을 써 내려갔다.

고마움을 느낀다.
사람의 도리를 하게 한, 삶의 깊이를 깨닫게 한 고구려와 그 분들의 삶에 존경을 보내고 싶다.
무한의 눈밭에 엎어져 그 분들께 절을 올리고 싶다.
그 분들이 가꾼 의미있는 역사의 결정체를 향해 멀고먼 시간과 희미한 공간의 통로를 따라서 오체투지하면서 다가가고 싶다.
혹 알려나. 벌레구멍이 내 앞에 입 벌리고 있을

지도 …….

시는 읽어주는 사람이 그다지 많지 않다. 더구나 역사시나 사상시들은.
세간의 공명이 울리질 않으니, 시집을 내기란 생각만큼 쉬운 일이 아니다.
왜 출판해야할까라는 헛된 의문도 사라지지 않는다.

그래도 책을 출판하고, 책을 내준 사람들, 강찬모 화백, 조한진 학형, 권혁제 사장께 도반의식을 느끼며 고마움을 전한다.
역사·고고학· 미술사와 관련된 책들을 출판하는 학연문화사는 필자와 함께 '학연역사문예선'을 기획하였다. 역사학이 좀 더 인간학이 되기 위해서, 역사학의 울 안에 갇힌 역사학자들의 자유

로움과 창의성을 풀어내고 북돋기 위해서, 그리고 '살아있는 글 쓰기' 작업의 물꼬를 트기 위해서 문예선을 기획하였다. 학문에 정진하면서도 문학에 관심을 두는 학자들의 글을 받아 선집을 계속해서 발간할 예정이다. 적극적으로 참여할 듯한 예감에 전율이 이는 듯하다.

2010년 늦은 봄날 '間'에서

목 차

11 | 오녀산성
76 | 천마산의 눈꽃(해모수의 天降)
100 | 일송정

오녀산성

'산이 있다.'

그 말 만이 이 오녀산을 표현할 수 있으리라.
존재물은 그 자체로서 완결성을 지닌다.
하지만 존재와 존속은 다 같이 완결성을 지녀도, 그 격이 다를 수 밖에.
삶의 의미와 양식이 다르다.

2001년의 둘째날
새해 첫날, 국내성을 떠나 몇 년 전에 말을 타고 오던 길을 버스로 되짚어가며 고구려의 첫 수도라고 알려진 환인의 오녀산성을 찾았다. 영하 30도라는 세상이 깨질 것 만 같은 추위에 눈바람마저 휘날리는 날씨였다.
 북부여 천제인 해모수의 아들이며, 물신인 하백의 외손자인 그는 동부여땅을 떠나 남으로 남으로 달렸다. 새로운 세상을 만들기 위하여, 아버지의 뜻을 펼치기 위하여 새 세상을 찾았다. 그리고 고기와 자라의 도움을 받아 안전하게 강을 건너 추격군을 따돌린 다음에 홀승골성에 첫 도읍지를 열었다.

사람들은 환인의 그 신성한 기운을 뿜어대는 오녀산이 바로 주몽이 살았던, 고구려의 첫수도인 홀승골성(忽本 卒本)이라고 한다. 꼭 그럴까?

환인은 힘의 세상이다.
老嶺의 이름 모를 산들이 둘러 둘러 겹겹의 담장 치고
그 안에 너른 들판은 암말의 잔등처럼 펼쳐져
북에서 흘러온 동가강따라
유장하게 굽이친다.
고주몽과 그 백성들이
고구려의 첫 아이들 태(胎)를 묻은 터이다.

역사의 힘들은
北國의 벌판을 들쑤시며 자연과 맨살 섞어가면서
헤갈하다가 어쩔 수 없이 한 점 향해 모여들었다.
한 점 두 점으로
더욱 뭉쳐지고, 세 점으로 거세지면서
서로 당기고 밀어내길 반복하다
하늘을 향해 퍽 솟구치고
600여m를 산의 순 알덩어리로 만들어갔다.

길고 좁게 갈라진 골짜기들로
생기찬 샘물 흘려보내며
느긋하고, 편안한 능선들은

자락을 확 펼쳐
군데군데 생명들을 키우고 보듬어 갔다.
땅 밑바닥에서 용출하는 정열과 붉은 힘 삭혀가며
살점 떼내 몸뚱이 비워가면서도
땅을 결코 떠나지는 않았다.

念이란, 願이란
인간의 염원을 탐욕이라 불렀던가
땅의 염원은 섭리라 지었던가
역사의 염원은 혼이라고 칭했던가

탐욕도 섭리도 혼도
모두
아직은 인연의 굴레를 못 벗어난 無明 덩어리
역사란 무명조차 때론 완성에 이르게 한다.
역사의 무명이란 얼마나 질기고 질긴지
한올 올
한 매디 매디가 얼마나 옹골찬지
뭇 신들 조차 알 수 없다.
그 무명의 윤회 속에서

念을 누르고 삭혀가며 너울거리며 날다가
참을 길 없어
참을 일 없어
허물 벗은 껍질을 등짝과 골짜기에 주름으로 던져버리고
이러저러한 인연 다 털어버린 채
걸친 것 없는 맨 알몸 들고
眞覺 眞我인 바위 덩어리로 솟구치며 타올랐다.
정수리 향해 혼불만 토해낸 듯
하얀
한 점 군더더기 없이
한 점 티끌 없이
단정한 덩어리로 솟구쳐 오른 것
그게 이 산이다.

태반에 그득 찬 원초적 힘이
200여m나 곧추 솟구친
원형질덩이가
곳곳으로
활 활
氣를 뿜어대고 있다.

고구려인들은
순 野生이다.
氣의 덩어리를 날래게 베어물고
氣의 파편들을 우적우적 깨물며
찬바람 쉭쉭 몰아 부치는
역사의 광야를
말 타고 달리던 이들이다.
원초적 생기를 지닌 채
빛을 질러대고, 소리를 뿜어대며
역사의 場을
북북 찢어낸 사람들이다.
그래서
이 산과 새 인연을 지은 것이다.

주몽은 원래가 산악에 익숙한 사람이 아니다. 광개토 태왕릉비, 삼국유사는 말하였다. 아버지가 북부여란 나라의 천제이었고, 단군인 해모수였다고. 그는 초평선을 끝없이 말달리던 피 끓는 청년이었었다. 사내다움에 반한 유화는 몸을 섞고 주몽을 낳았다.

애비 없이 자란 주몽은 초원에서 아버지처럼 말을 달리던 목동이었고, 활 잘 쏘는 전사(善射者)이었다. 무용총과 쌍용총 벽화에 그려진 기마무사는 달리는 말잔등에서 몸을 휙 뒤로 돌린 채로 날뛰는 호랑이를 향해 활시위를 날리는 비범한 사람이었다.

약한 자들에게 구박받던 그는 헌 세상 버리고 새 세상 찾아, 초원을 떠나 산악으로 강가로 말떼를 몰았다.

그리고 남쪽, 초원과 큰 산이 만나는 터, 졸본부여 땅에 고구려를 세웠다.

그렇게 해서 한민족의 기운찬 역사가 다시금 시작되었다.(多勿) 단기 2297년, 기원전 37년이다. 그런데 그보다 약 200여 년 전부터 이미 고구려가 존재했었다는 주장도 있다.

어디선가
초원 한 가운데로
풀 비린내 흘리는 눈(嫩)강 물이

눈 길마저 삼키는 초평선 적시는 터에서
파란 빛 하늘 만나고
하늘이 담긴 靑綠빛 초원 달리던 젊은이는
어느 날
또 하나의 하늘
그 하늘 아래 사는 사람들을 떠올렸다.
약자에게 구박받는 자기보다 더 안스러운 그들이
그리워졌고,
못난 이들의 헌 세상 떠나 그들과 더불어 새 세상 지어
보고 싶었다.
긴 세월 기다리고 기다려
날 받은
주몽은 부여마에 올라타
차! 차!
벅찬 숨 내뿜으며
힘껏 박차를 찼다.

또 다른 하늘
어딘지
얼마나 먼지 알 수 없지만

---

1) 흥안령 부근에서 발원하여 남류하다가 백두산에서 북류하는 송화강과 대안에서 만나 동류 송화강으로 된다. 大安을 중심으로 눈강의 주변에는 백금보 문화 등 기원전 10세기 전후의 예맥계의 문화유지가 있다.

해가 더 가깝게 뜨는 동녘 만을 향해
말 떼를 몰며
수 천 리 길 내달렸다.

북방 초원이 진흙 섞인 메마른 땅으로,
다시 구릉이 드문드문 눈길을 채우는 들판으로 변하고.
새 인연 짓는 사람들의 얼굴, 옷맵시 달라지면서.
오이 마리 협보 같은 초원의 백성들에게
솟아오른 남쪽 산들
움푹움푹 패인 골짜기들
큰 산들 새 새에 끼인 아기자기한 들판들은
신기할 따름이었다.
장쾌함과 후련함은 부족한 듯해도
마음은 지극히 편안해졌다.

그런데
긴장 푼 채 쉴 곳 찾아 말안장 풀던 그들은
갑자기 나타난
사각방패처럼 대지에 꽉 박힌 산 앞에서
혼절할 뻔 했다.

눈 길조차 머물 곳 없는 面의 세계에서
청녹과 녹청에 물들며 자란 그들에게
눈 뿐인 하얀세상의 한 가운데
우뚝 솟구친 각진 산은
天神이 머무는 原鄕이었다.
하늘을 그리며 늘 하늘길(天道) 찾던,
그들이 늘상 꾼
꿈의 모습이었다.

나는 몇 번째나 이 산을 오른다.
첫 경험은 결코 잊혀지지 않는 법이다. 도려내고 후벼 파내도 살 속의 문신처럼 끝끝내 흔적을 남긴다.
천 수 백 년이나 걸려 만주 땅을 찾아와 고구려 나라에 발을 디디면서 이 산을 보았다. 국내성을 출발하여 몇 시간 동안이나 산길을 넘어오다가, 지칠 쯤에 홀연 듯 눈을 꽉 채우는 모습이 믿겨지지 않았다. 뭔가 자연스러움에 손길을 가한 것이 틀림없는, 그러나 인간의 손길은 절대 아닌 그 형태를 보면서 감동과 혼란스러움을 동시에 간직하고 돌아와야만 했다.

그리고 그 다음 해에는 더 큰 마음먹고, 전생을 현생으로 바꿔보고자 동몽골로 들어갔고, 북부여의 옛 초원에서 말을 구해 주몽처럼 말탄 채 십 여 일 달려와 환인에 닿았다.

초원의 풀 내음을 아직도 코끝에 매달고 있는 난 대천을 지나 사첨자향을 통과해 졸본천을 끼고 환인분지로 들어설 때는 지칠대로 지쳐있었다. 등짝과 허리는 결리고, 양쪽 허벅지와 종아리는 살껍질이 벗겨지다 못해 살이 파여서 피가 땀물과 범벅되어 줄줄 흘렀다. 말 잔등에서 뛰어내리고, 다 포기한채 몸을 던져 그저 쉬고만 싶었다.

바로 그 때 말안장에 얹혀있는 내게 기묘한 형태의 산이 다가왔다. 전율이 일고, 싸한 기운이 질퍽한 땀을 잡아먹더니, 신령스러운 분위기에 내 혼백은 채 저항도 못하고 휩싸여버렸다.

그 후에도 더 몇 번을, 멀리서 보거나 혹은 산 위로 걸어 올라갔다. 그리고 오늘 겨울날 눈 속의 이 산을 보려고 황해 건너 산길 지나 바로 앞에 섰다.

이 산은 산이지만
산은 아니다.
산은
넉넉하니 자락 펼치고,
골이 깊어 뭔가 푸근하게 품어줄 것 같지만
땅의 염원이 강해서인지 정수리는 뾰족하기만 하다.
오녀산은
그런 산들을 안아주는,
그런 산들이 떠받쳐주는 또 하나의 산이다.
홀연히 솟구쳐 올라
대목수가 날 벼린 자귀로 툭툭 쳐 내린 듯
벼랑이 방패처럼 박혀있고,
정수리는 몸통보다도 넓다.
하늘이 꾹 눌러
반듯하게 널판처럼 수평을 이루었다.
뭔가가
솟구칠 발 디딤돌로
평평하게 바닥을 고른 듯하다.

산들은 위로 솟구쳤지만

이 산은 위에서도 내려누른 꼴이다.
그래서 이 산은
인간들의 산이 아닌 신들의 산
땅의 산이 아닌 하늘의 산
자연의 산이 아닌 역사의 산이다.
바램과 바램이 뭉쳐
사람과 역사가 만나
꼴을 지은 또 다른
산이다.

산길을 오른다.
부여마 대신 중국의 검녹색 군용 찝차를 타고.
말 잔등의 활활 이는 핏빛 땀방울 대신 힘겨워하는 엔진소리에 젖으면서
고구려의 병사 아닌 저 땅의 소시민으로
들판과 평지를 놓아버리고 산길로 올라 붙는다.

한 점 한 점
하양 눈이 눈꺼풀을 사그르르 어지럽힌다.

산을 우러르는 눈망울이 호들호들 흔들린다.

눈을 봄과 느낌은 꼭 같지는 않다.
눈을 만짐과 맞는 것은 다르다.
한 점 한 점은 숫자이다.
한 송이 한 송이는 숫자를 초월한 양이다.
數는 관념이지만 양은 현실이다.
數는 철학이지만 양은 역사이다.

오녀산이 째진 눈 속으로 파고든다.
둥근 눈은
차고 두터운 연기로 퍼져가며 모두를 감춘다.
난 선채로
눈발이 폭포처럼 쏟아지는 땅을 딛고
눈에 스며드는 산을 본다.
머리통을 냉강 쳐 내린 돌 비석같은
신들의 하양산을 본다.

200m
아득한 벼랑이 병사의 버거운 사각방패처럼 꼭 박혀

있고,
그 수직으로 쭉쭉 찢어진
하양바위의 틈 새 새로
새하얀 눈들이 재두루미 깃털처럼 끼어있다.
바람에 흩날린 거미줄들이 바위에 이끼처럼 붙어있다.
산은 하얀 듯 새하얀 듯하고,
몇 몇 군데만
먹물 빛이 그늘진 여운 남긴다.

급히 어설프게 깔아놓은 빙판의 아스팔트가 끝나는 곳에 나무와 시멘트벽돌을 대충 섞어 지은 허름한 집이 한 채 있다. 성 아래의 벼랑뿌리에 찝차가 멈췄다. 매표소는 각목에 대못을 두드려 박아 대문을 없애버렸고, 사람들은 산 아래 어디론가로 가버렸다. 무상의 세계 속에서 먹을 것들을 실어 나르는 궤도차만이 눈을 흠뻑 뒤집어 쓴 채 산의 고요를 색으로 표현하고 있다. 필경은 녹슬었을 레일도 소복하게 눈이 쌓여 길게 생각에 젖어있다.
궤도차가 있는 쪽 성문은 직벽에 가깝다. 그래도 이 곳

만이 유일하게 성벽으로 접근할 수 있는 길이다. 한 쪽으로 소롯길이 나있지만 경사가 급하고, 험해서 걸어 올라가기에 그리 수월한 것은 아니다. 더구나 누군가가 사천왕처럼 지키고 앉아 험한 눈초리라도 보낼 랑치면, 신들이 살고 있건, 군사들이 진주하건 걸어서 접근하기가 녹녹한 곳은 아니다.

난
산을 올라가야 한다.
먼 곳을 떠나
눈치 보며 다른 나라를 빌어 공간을 이동하고
천 수 백여 년을 뛰어넘어 힘들게 다가왔다.
너절한 세상을 통째로 버리고
새 세상 찾으려면
몸뚱이쯤 반 넘어 버리더라도
原鄕을 찾아 이 산을 올라야만 한다.
세상 버리는 방식은 가지가지이다.

사람들은
천천히 충격을 줄여가면서
한걸음 걸음씩 떼어 놓는다.
하지만
꼭 그런 것은 아니다.
어쩌면
느림마저 버리며
높이, 아예 솟구치는 사람도 있고,
넓이에 미쳐 말 타고 초평선 너머로 사라지는 사람도 있고,
바다로 나가 깊이를 깔고 앉은 채 익사의 念에 빠져드는 사람도 있다.

이 산은
아무리 천천히
인간의 내음을 지우며 올르려해도
학학대며 기어가려해도
200m의 직벽을
날라 가지 않고서는
산의 정수리에 닿을 수 없다.

그래서
들판의 사람도
산속의 사람도 오르는 일을 포기하고.

이 산은 그저 신들의 산이었다.
오랜 세월 無人의 神山이었다.
아무리 그래도
하늘을 그려
하늘을 오르려 평면을 떠나온 그들이
높이에 눌려 돌아설 리는 없다.

천마의 날개 짓은
해동청 보라매의 날개 짓과 다르다.
활짝 펼친 날개 끝이 나무가지에 걸릴 수 있다.
장엄한 빛깔이 햇살에 찢겨질 수 있다.
하지만
하늘을 날라본 그들은 망설임 없이 비상을 시도했다.

고구려인들은 하늘 날기를 즐겨했다. 죽을 때 生의 자기고백을 무덤 속에다 그림으로 남겼다. 삶을 반추하며 죽음을 의미있게 보내려고.
삶의 의미를 깨달은 사람은 죽음의 의미도 깨닫는다. 삶의 의미는 못 깨달아도, 죽음의 가치는 깨닫는 법이다. 그래서인지 벽화들은 의미를 담고 있다. 고구려인들이 할 말, 속내가 담겨있다. 결코 만나지 못할, 먼 훗날. 못난 자손들에게 은밀하게 전해줄 뜻들을 차근차근 지성껏 그렸다. 그 벽화들은 모두 날라 다니는 자신들을 그려내고 있다.

하늘새.
다리 셋
날개 둘
머리에 뿔 달린
빛새 해새,
三足烏가 난다.
뭇 용들은 청룡의 뒤를 따라 수 십 마리가 칭칭 휘감으며 하늘을 날고,

흰 눈 뒤집어쓴 백호도 하늘을 휙휙 달린다.
농사짓는 소머리신은 코 높은 신발에 구름 몇 점 묻힌 채 날라가고,
대장간 모루에 망치질을 하는 대장장이신도 양 어깨 새로 날개깃 보인다.
물고기의 염원까지 헤아려
등비늘 뒤에 양 날개를 달아준 그들이라
마음 아닌 몸뚱이로 날려는 바램 끝내 못 이겨
기린마를 타고,
새들 목에 이어진 고삐 잡고 새 잔등에 올라타
훨 훨 하늘을 난다.

그런 그들이기에 이 산을 본 순간 고개 숙이거나 뒤돌아서지 않고, 망설임 없이 날개 짓하며 산으로 올랐을 것이다. 이 산을 본 사람들은 우선 충격부터 받고, 다음에는 으레껏 올라갈 수 있을까 요량해 본다. 그리고는 절래절래 머리 흔들고는 돌아서기 십상이다. 걸어서 올라갈 것 같지는 않아 보인다.

그만큼 이 산은 인간세상과는 다른 인연의 터로 보인다. 그런데도 고구려인들은 오자마자 주저하지 않고 이 곳으로 올랐고, 이곳에다 새 나라를 열었다. 인간이 범접하기 힘든 곳에 터 잡은 까닭은 자신들이 하늘의 자손이라고 알리고 선언하고 싶었던 때문이다. 난 고구려를 연 사람들을 알고, 그들이 잡은 첫 터의 탄생과정을 훔쳐보고 싶었다.

난 그들처럼
비상할 날개는커녕 깃털조차 없다.
모두 버린 내게 있는 것이란 아무것도 없다.
없는 것조차도 없다.
하지만
난 버린다. 미련없이. 다.
천천히도 싫다.
충격 줄이려고
실수 덜 하려고
불확실성에 몸을 내 맡기기 싫어

진득하게, 노회하게 머리 쓰는 일도 싫다.
그저 빈 마음으로, 맨 몸으로
날개도 없이
쇳덩어리에 실려
급하게 급하게 올라간다.
웅 웅
기계소리가 산사이로 들리고
눈으로 파묻혀가는 환인을 굽어보며
위로 하늘로 매달려 올라갔다.
유화의 동생들이 황급하게 타고 도망친
동아줄 매단 두레박처럼
끌려 올라간다.
오녀산성으로 올라간다.
주몽처럼 흘승골성으로 올라간다.
난 하늘로 올라간다.

아름답다
눈알 시리도록
눈물 삐죽 샘솟도록 아름답다

난
아름다움이 좋다.
아름다움을 너무 아름다워한다.
저런 아름다움, 순수의 아름다움이 좋다.
겨울에 좌정한 눈 잎들이 내 가슴 저며댄다.
볼 수 있다면
함께 볼 수 있다면
졸본 땅의 어느 우물에서 물 긷고
항아리 이고 가던
고구려의 여인을 부등켜안은 채 볼 수 있다면
그녀도 본
이 아름다움을
먼 훗날의 또 다른 인연인 나와 손끝 부여잡고
볼 수만 있다면
온몸 포근하게 안아주는 눈 잎들을
그녀의 노을빛 손바닥에 쌓아놓고
한 잎 한 잎 헤아릴 수 있다면.
그녀가 무척이나 보고 싶다.

쩔꺽 쩔꺽

낯 선
소리들이 이어진다.
하얀세상을 붉검은 소리들이 이빨질 한다.
툭, 덜컹
시멘트 침목이 소리를 삼키고 레일이 궤도차에 몸을 숨긴다.

아...
숨소리마저
자기를 잊고 숨어 버린다.

산문(山門)은
돌덩이들의 세계이다.
산의 담살이들은
단단한 성 벽돌이었다.

양 팔을 한번 뻗고, 또 한번 이어 뻗으면 닿을 듯 도한 곳에
돌벽들이 바깥쪽을 향해 연줄처럼 이어진다.
화강암 꽃 돌들

각 지게, 맨대가리처럼 정수리를 뾰족하게 깎아서
차근차근
철심 박듯 깊고 빈틈없이 쌓았다.
그 위에
메주덩이처럼 잘 다듬어 끼워
해신들의 이빨처럼
하얗고 정결하게 드러내고 있다.
이 문 통과해야만
신의 나라로 들어갈 수 있다고.

하늘과 땅,
인간의 세상과 신들의 세계를 갈라놓는 문
하지만
벌써
성문은 사라지고
고구려의 소멸과 함께
문틀조차 못 남긴 휑한 공간이 되었다.
하늘로 올라가려
흰 몸 정하게 간수하고

푸른 마음 신심으로 벼려가며
정월 큰 보름
정결한 때 기다리며
문 앞마당 서성이던 일들은 이미 사라졌다.

난 녹슨 궤도차에서 내려 들뜬 소리 대신에 침묵으로 첫 대면하고, 하얀 발자국을 만든다.
고구려의 겨울에 첫 흔적을 남겼다. 그리고 무심결로 바라본다.

성벽 위는 또 하나의 세상이다.
내려뜨린 손끝을 본다.
올려다보는 눈길을 본다.
어디론가를 향해 모은 발길을 본다.
흙이 없는 세상
하얀 아닌 게 없는 세상
나무 둥거리
휘어져 내린 줄기들

그 새에 몸을 웅크린 채 연기처럼 흩어지는 풀덤불들
이따금 눈잎을 쪼아 내뱉는 산새들의 옥색부리
부리 새로 터져 나오는 지저귐도
모두
하양으로 표백돼있다.

하양세상
하늘의 원 모습이란 이런게?
흰 것 추구했다면, 빛 지향했다면
그들이 본 것은,
그들의 그리움은 이러한 순수가?
해모수의 나라 부여인들의 흰옷은 흰색 아닌 순수.
그들의 후예인 고구려도
고구려의 서러운 새끼들인 우리도 마찬가지로
빛살이 뽀드득 튀기는 순수를.

주몽이 말달린 것처럼
그의 풀물 든 맨살이 닿았던
이 하양의 신세계에 또박 또박 발자국 남길 것인가

그런 자격과 마음새가 내겐 있을까?
내 여린 몸은
이 하양에 또 한 웅큼의 하양을 보탤까?
채 정화되지 못한 마음 때문에
바랜 흰빛으로라도
고구려의 하양에 또 다른 하양을 얼마나 보탤 수 있을까?

雪城이다.
역사의 흔적은 눈밭으로만 기록하고 있다.
눈의 색이, 눈의 살결이, 눈의 이야기가 흘승골의 두터운 역사를 더듬게 한다.
석성의 돌문 대신
송알송알 눈송이 달린 눈 나무들의 성문을 지나
맨발바닥으로 하양 눈을
포삭 포삭 삼켜가며
안으로 속으로 들어간다.
神市의 세계로.
역사의 세상으로.

바른쪽 벼랑 쪽으로 몸을 옮겨 이 삼 백보 걸음을 옮긴다. 푹푹 빠져 허벅지까지 눈이 묻어난다. 인적이라곤 내 발 자욱만 생겨가는 오로지 산들의 세계다. 눈 앞이 확 트이고 눈밭이 나타난다. 넓은 공간이다. 얼핏 봐도 2단으로 정리된 평평한 대지 위다. 반 백 칸 건물이 두어 채쯤 들어섰음직한 넓이다. 물론 사람들이 밟고 다닐 길도 내고 말이다.

'王宮址'
화강암 큰 돌에 날리는 벚꽃 같은 붉은 글씨를 새겨서 푹 박아놓았다.

유일한 역사의 흔적이다. 고구려는 자진하면서 세월뿐만 아니라 자연도 삼켜버린 것 같다.

공터 위쪽에는 관음사당이 있었다고 한다. 고구려의 역사는 아니지만 고구려의 땅에서 고구려의 기를 먹고 컸으니 나에겐 그 또한 남다른 인연인 셈이다. 한 쪽에는 직경이 2m나 되는 연자방아가 내 팽쳐진 듯 놓여 있다. 털장갑 낀 손으로 수북히 쌓인 눈을 사각사각 긁어내니 돌 판에 청동거울의 잔무늬 닮은 줄들이 선명

하게 나타난다. 아직 나이를 덜 먹은 놈인 탓이다. 암
호인가 멧세지인가 그들의 손길을 찬찬히 느껴본다.
널따란 눈밭이다.
고랑과 이랑이 살 섞은
이 산의,
이 세계의 주인이 살았던 터전이다.
그 분
그 분이 잠깐 섰음직한 곳
그 분이 터 잡고 앉았음직한 곳
그 분이 가쁜 숨 고르게 쉬어가면서
하늘 세계 그리고
땅 세계 그리던 곳
붉은 흙 돋아 올려 턱지게 만들고
그 분이 세상 멀리 내다보던 터에 딛고서서
가만히 몸 포갠 채
그림자로 남은 그 분의 깊은 눈길 따라가 본다.
하양 나무줄기들이
빗 줄기같은 가는 선들을 그리고
날리는 눈 이파리처럼 어지럽게 얽히고
새 새로

하얀 세상이
인간들의 세상이
닳고 닳은 삼태기 같은 환인의 들판이
아득하게 보인다.

고구려가
처음 햇 胎를 묻은 곳
삼신 할매의 더운 손끝에 이끌려 나온 곳
너르고 포근한 땅

線은 선을 낳고
선들은 面을 만들고.
면적을 알아가면서
크고 작고
좋고 나쁘고
분별심에 젖어가면서
인간들은 비운 마음에 욕심을 채워갔다
역사란 이름을 빌어 와서
그 위로
폭폭 쌓인 눈은

선을 지우고 면을 만들어가면서, 다시 면마져 지워버렸다.
가장 큰 면
하나의 선, 둥근 해의 테처럼 가장자리가 사라진 線 그어가면서 한 面 만들어 놓았다.

겨울에
하나 된 하얀세상 보았다면
여름에는?
푸름의 한 세상 보았을까?
봄과 가을에는?
역시
하나 된 세상 보았겠지.
그 분은 하나로 보았지만
그 분의 그들이 본 것은.
그들이 살아가는 모습은 꼭 하나는 아니었을텐데.
본 것과 보고 싶어하는 것, 보임을 당하는 것의 차이는 어떻게 해결했을까?
난 보지도 못하고, 보이지도 못하고

먼 훗날
어리숙한 나그네로 찾아와
역사의 가면을 빌어
어설피 눈대중 해가며
그 날들 그리워해본다.

시간이 없다.
세월이 흐르고
역사는 애당초 시간을 성큼 성큼 잘라 먹었지만
인간은
시간에게 조금씩 잡아먹히는 刹那의 몸이다.
그래도
여기까지 찾아온 걸 핑계 삼아
염치없이
또 한번의 시간을 기대해본다.

발길을 옮긴다. 한 걸음 한 걸음 떼면서 왕궁터를 걷는다. 신발 바닥에 눈이 묻어나 내 흔적을 하나의 선으로 긋는다. 나의 마음 길을 하양세상으로 열어놓는다.
성안에는 天池라는 이름의 연못이 있다. 길이 12m, 너비 5m, 깊이 1~ 2m의 네모난 물방이다. 천지에는 얼음이 얼고, 눈이 그득히 쌓여 형체를 구분하는 일이 어려웠다. 가장자리와 가운데의 분별이 사라졌다.
아, 그래서 눈은 좋은 것이로구나. 먼데서 누군가가보면 나도 한덩어리의 눈이겠지.
수원도 비교적 충분한 편이다. 여름철에 왔을 때는 물이 출렁거리다 넘쳐 나오는 모습이었다. 산 정상이기에 냇물처럼 흘러드는 물은 없지만 샘솟는 물이 연못을 이룰 정도로 충분했다. 하지만 많은 사람들이 식수와 생활수로 사용하기에는 부족했을 것이니, 대병력이 상주할 만한 도시는 못된다.
 한 겨울엔 마실 물을 어떻게 구했을까?
얼은 물을 돌멩이로 깨담아 녹여 먹기엔 턱없이 부족했으리라. 식량들은 아래 마을에서 져 날라다 먹거나 늦가을에 한꺼번에 날라다 장작더미처럼 쌓아놓고 조금씩 조금씩 덜어 먹었겠지. 땔 나무들은 지천이었겠지만, 함부로 베어서도 안 됐을 것이고.

이제
내가 가는 곳은
天池
하늘 못
하늘의 꿈이 찰랑찰랑 담겨있는 곳
달덩이들이 劫의 세월을 풍덩풍덩대며 미역 감는 곳.
하늘의 딸, 달의 어머니 유화가
하늘의 열기를 식히려
찬물에 알몸을 담그려
살그머니 달빛 동아줄에 매달려 내려온 곳.
해걸음 따라 달리다
갈증에 타는 용들의 목을 축이려
머물렀던
하늘의 아들, 빛의 아비인
해모수의 마음이 따라 멈춘 곳.

해 달의 만남은
늘 이루어질 리는 없다.
해가 떠나길 머뭇될 때
달이 서둘러 갈 길 재촉했을 때

황혼이 물들기 잠깐 전에
여명이 번지기 직전에나
행여나 스쳐갈 수 있을 뿐,
그래서
한낮의 해
한밤의 달은
늘
먼 곳에 머문 채
마음 만 섞어가며 안타까워했는데.

해님 달님
해모수와 유화는
마주치면서
활활
시린 몸을 불살랐다.
천지 얼음물에
훅훅 달아오른 열기 식혀가며
활활
달 뜬 혼 불살랐다.
그리고

정한 물 속에
귀한 씨알 하나 빠뜨렸다.
달의 피가
해의 피 삼켜
물의 피 뿌렸다.
그래서
주몽,
해의 자식이 그가 태어났다.
그래서
고구려 사람들은
해와 달의 자식이라고 자랑했다.
국내성 밖에 버려진 한 고분의 묘지석에는 이렇게 쓰여져 있다.
'日月之子'

천지물을 살펴본다.
고개 뒤로 돌리면 눈길 닿은 끝자락에 환인분지가 걸려있다.
넓고, 굴곡이 주름같은 흰 눈의 평원이 끝없이 펼쳐진

다. 이 곳이 바로 하늘임을 새삼 깨닫는다. 하늘에 있으면서도 땅의 존재를 통해 비로서 하나임을 깨닫는다. 그런데 바로 산과 땅이 가파르게 이어지는 직벽 가장자리의 아래쪽 벌어진 틈새로 굴 하나 숨어 있다.
 단군신화가 떠오른다.
고구려의 아버지 나라, 조선을 세운 단군의 무지개 빛 태몽이 생각난다. 그의 어미인 깜장 곰이 머물렀던, 주몽의 어미였던 유화가 의탁했던 골방처럼 고구려의 수도에는 늘 의미담긴 동굴이 있었다.

굴은 어둠의 공간
하지만 어둠자체는 아니다.
굴의 존재는 빛의 존재
밝음을 잉태하는 태반
미래를 키워내는 귀한 자궁

주몽은 어둠의 자식이다.
유화는 해모수에게 버림 받았다고

눈물을, 별빛 눈물을 흘렸다.
눈물은 金蛙(금개구리왕)를 이끌었고,
하늘의 속 뜻 눈치 챈 늙은 임금은
그녀를 동굴의 고요한 공간으로 모셨다.
깜깜한 굴
시간도 공간도
옛 인연도 업장도 모두
까맣게 물든 채
하나되어 태초를 생(生)할 준비 마쳤을 때
굴 바닥의 한가운데에
유화는 배부른 몸 누이고 흰 뱃속 열어 보인다.
한줄기 빛 들어와
신들의 밭, 神市에 파르스름한 불꽃 일으킨다.
해모수는
웅심연에서 몸으로 한번 유화 만나고
이제
굴 속에서
혼으로 또 한번 유화를 만난다.

한 알맹이가 맺히고

빛살 바람결 머금으며 잘 익어가고
사람들은
모두들
굴 앞에 모여들어
북 치며 굿판(迎鼓)을 벌인다.
씨알 떨어질 날 고대한다.
이 땅의 새 주인
하늘 피 받은
미래의 주인이 태어나길 기다린다.
열매는
뜨거운 생명과 더 뜨거운 기운 받고
기다리는 자들의 진 역사 끌어안으며
푹 익어가고.
어느 날
하늘이 열리는 날
떨어진 열매가 터지면서
한 사내아이 태어났다.
한 손에 활 쥐고, 한 손에 옥채찍 쥔
빛의 아들이 태어났다.
굴 속에 빛살들이 날라 와 여기저기 꽂힌다.

빛의 아들의 아들인
고구려 사람들은
늘 굴을 귀히 여겨
가는 곳 마다
새 둥지 틀 때 마다
큰 굴(大穴) 찾아 곁에 두었고,
새 세상 염원할 때 마다
미래를 기원할 때 마다
동굴 앞에 모여들어 웅피북 두드리며
해맞이굿(東明) 벌였다.

해마다 때 되면
큰 왕들은 백성들과 더불어
국내성 남문 열고 나와 압록강가에서 자작판자로 지은
배를 탔다.
여울 급한 강물에서
천천히
사공들의 노질 따라 거슬러 올라가
들판의 나락들 다 걷어지고,
산꽃들도 낙엽으로 켜켜 쌓여

하양 눈 고요히 기다리는
산길 타고 올라가
나라 동쪽동굴(國東大穴)
하늘로 이어지는 큰 문(通天門) 열고 들어가
거북바위 앞에 꿇어앉아 해말간 해맞이했다.
하늘의 귀한 뜻 살피고,
애비들의 에미들의 애절한 가르침 진중하니 들었다.

해의 아들들은
흙을 만나 농사 일 다 해놓고
제 고향으로 돌아갈 때
동굴에 깃들어
일단 몸뚱일 죽여
인간의 긴 인연들 다 역사의 체에 탈탈 쳐 내고
빈 몸으로 하늘로 올라갔다.
그래서
아들의 아들들은
산동 강돌들 끌어 모아 입구에 쌓아 무덤굴 만들고
그 곳에서 죽음과 재생의 인연 반복했다.
고분은

죽음의 세계가 아니다.
삶의 세계, 미래의 터이다.
땅의 공간이 아니라 하늘의 공간이다.
청룡 백호 주작 현무가 살고,
오만 仙人과 오만 天人들이 날아다니는
또 하나의 하늘이었다.
이 곳에 머물면서
하늘의 자손(天孫)인 고구려의 태왕들은
황룡들이 되어
다시 하늘로 회향한다.

가파르게 억지로 만든 계단과 난간을 붙들고 내려가니 굴이 나타난다. 바위가 찢어져서 안쪽을 들어간 공간을 만들어내고 있다. 그다지 깊지도 넓지도 않은 평평한 바닥 안에 단이 있고, 해모수와 유화를 모셨을 자리엔 중국인들의 관음상이 있다. 어설퍼 보이는 제단에는 굵고 긴 중국제향들이 타다가 꺼진 채로 꽂혀있다.
　고구려가 떠난 후에 발해인들이 찾아왔고, 다시 여진

인들이 올라왔다. 이성계가 압록강을 건너 이 산성을 점령하고 나선 이 굴을 보고 들어갔을 것이다. 그런데도 그 정도의 그릇 밖에 안 되다니 참. 그 후에도 이 곳을 드나들었던 사람들은 많아서 적지 않은 무기들이 발견되었다.

굴 앞에서 입구에 등을 대고 서니 눈앞은 아득한 천 길 낭떠러지이다. 허공이 허공을 채우고, 몇 마리 새들이 날리는 눈가루를 털어내면서 환인의 들판위를 빙빙 날고 있다

굴 앞에 선다.
그 분들의 손 정 어린 기운을 느끼며
눈길 들어 앞을 본다.
하늘(天)이다.
파아랑 하늘이다.
설원이다.
새하얀 평원이다.
고구려의
사람 말 집들, 모두를

역사는 삼켜버렸고, 텅 빈 눈 밭만 눈알 삼킨다.
그들의 눈길은 어떤 빛이었을까
그 눈길에 어리는 모습은
그 눈길에 스며드는 마음은…

천지를 왼편으로 끼고 지나 40~50m 가량 경사진 길을 걷다보면 여기저기서 창고터가 나타난다. 2000년에 들어와 새로 발굴한 다음에 복원하였다. 돌을 쌓은 모습은 매우 엉성하고, 돌들도 곰곰하게 다듬지 않고, 대충 쳐낸 것 같다. 다른 성들과 비교해보면 고구려 것이라고 보기엔 무리가 있다. 고구려인들은 돌을 만지는데 신들린 사람들이다.

능선 한 모퉁이, 창고터들을 끼고 점장대로 올라가다가 나무들이 볼품없이 자란 지점에 병영터라고 소개한 안내판을 박아놓았다. 넓지는 않아 대략 20여 평 남짓할 뿐인데, 이곳에서도 고구려 시대의 유적과 유물들이 발견되었다고 한다.

도기 등은 물론이고, 화살촉들, 거의 완형에 가까운 갑옷도 출토됐다고 한다. 이런 것들 모두 1999년부터

2000년까지 발굴하고, 2000년 여름철에 서둘러서 관광상품으로 복원한 것이다. 역사가 상품으로, 그것도 뺴 안은 자들의 이익을 위해서 변신한 것이다.

다시 걸음을 재촉한다.
영하 20도가 넘으니 견디지 못할 것이라고 지레짐작했었는데, 바람 한 가락 불지않고, 공기는 왜인지 따뜻한 느낌마저 준다. 만주의 추위를 강조한 중국인들 따라 몇 겹씩이나 껴입은 옷 속에서 땀이 솟는 걸 느끼면서 걸음을 떼어놓는다.
여기 저기서 산토끼들이 흘린 발자국이 눈밭을 사갈사갈 갈아먹고 있다.
점장대로 걸음을 옮겼다.
하얀눈이 초록길, 갈색길을 먹어 치웠다.
얼마 걷지도 않아 홀연듯 산이 사라지면서, 하늘이 꽉 찬다.
능선 끝에 10여 평 남짓의 바위 섞인 평지가 있고, 바깥쪽 끄트머리에 큰 돌덩어리가 서있다. '점장대' 라고 붉은 글씨로 파여진 표지석이다. 오녀산성에서 가장 높은 곳이요, 세상을 가장 멀리 볼 수 있는 곳이다.

역사의 분화구같은 환인분지를 사면팔방으로 훑어온
바람결들이 바위산에 부딪혀
수 억 년 돌결, 수 천 년 혼결을
한 점 한 점씩
피칠하며 벗겨내고 있다.
의미를 가리지 않고
제 분수껏.

점장대 끝으로 걸어가니 바위가 뚝 끊어지고, 바위처마에 덮인 눈이 떨어져나가 시린 잇몸 드러내며 덜 덜 떨고 있다. 병장기 쥔 병사들이 몰려들어 몸을 가누기엔 좁은 듯한 느낌이 든다.
겨울바람이 세차게 불면 연약한 몸이 휘청거리다 날아 갈 것 같은 분위기이다.
친절한(?) 중국인들은 끄뜨머리에다 철제 난간을 어설프게 쳐놓았다.
혹여
격해진 고구려의 후예들이 뛰어내리지 않을까 노파심

에서.
피가 무섭다는게 무엇인가
세월이 물결처럼 흘러도 기억이 돌덩이처럼 박혀 있는 건 피 때문이 아닌가.
핏 속에 가라앉은 매운 限 때문 아닌가.

뭔가가 휘감아 돌며 충동질 한다.
텅 빈 허공이 빈 손으로 잡아끈다.
사람은 제 몸 버려서라도 채우고 싶어한다.
욕망이라고 부르기도 하지만.
눈 아래 저 멀리서
물 빠진 무청 줄거리, 푹 삭아 꺽여진 옥수수대들
삐죽 삐죽 솟은 눈밭이
고구려 아이들이 세운 눈사람들이
하늘가에 딛고 선 머리칼을 잡아끈다.
사람은 눈밭에, 희디 흰 순수에 뒹굴려는 천진함이 있다.
동가강의 얼음빛이 잡아 끈다.
파랗게 언 강물로 뛰어들고 싶은 충동이 든다.

알몸 얼려
투명한 얼음뗏목을 엮어 역사의 강을 떠내려가고
싶다.
그 뿐인가
그 뿐인가.

나는 실로 두렵다.
아파트 베란다에서만 기대서면
비상의 박차오름을 삭히느라 애 먹는데
이 곳에선
양쪽 겨드랑이가 간질거려 견뎌내기 힘들다.
고구려는
고구려 여인은
정말이지 참을 수 없게
내게 겨드랑이 뚫고 날개짓하게 시킨다.

날라야 한다.
고구려 사내로 날라야 한다.
언제

이런 비상의 터,
기막힌 활공의 장소를 구할 수 있을까?
가고 싶다.
뛰고 싶다.
날고 싶다.
날개짓 후에는 어떤 일이 벌어질지 몰라도
지금 만큼은 박차며 날아오르고 싶다.

새가 된다.
날개짓 하고 있다.
날개가 돋아난다.
차라리 몸을 던져
혼을 날리우고 싶다.
비상의 꿈을
비상의 현실로 바꾸고 싶다.

그들이 생각난다.
비상의 터를 찾은 그들보다
날기의 충동을 견뎌낸
날기를 좇아 땅을 포기하지 않은

그들의 힘이 생각난다.
하늘 피 섞인 그들에겐
차마 견디기 힘든 못된 충동이었을텐데
곳곳에
무덤속의 틈 새새 까지
새를 탄 仙人들을 그린 그들인데.
새들을 마차삼아 마음껏 하늘 날라다닌 그들인데.
그토록
날기를 지향하면서도
땅의 현실을 끝내 버리지 않은
그들의 흙색 힘이 생각난다.

점장대의 가장자리에 발끝 걸치고 칠점사처럼 번들대는 동가강을 본다.
고력묘자의 숱한 고분들을 삼켜버린 채 푸른 물만 토해내는 환인댐이 눈길을 채운다. 쌓인 눈이 얼음의 얄부른 살결로 새하얗게 빛을 쏟아내고 있다.
전략적으로 가치높은 장소이고, 시야도 넓어서 눈에

보이는 주변전체를 군사적으로 관장할 수 있는 산성이다. 초기에 지녔던 신성한 장소로서의 의미가 퇴색한 후에는 수도권 방어에 주력한 요새였을 것이다. 특히 강 건너편의 패왕조산성과 짝지어서 말이다.

역사를
잃어버린 역사를 훑어보지만
물결 외에 어떤 것도 눈알에 젖어들 수 없다.
구불구불한 선과 반듯반듯한 면이 만나
움직이면서 좌정하고, 쉰 듯하면서 바삐 움직이는 동가강은 긴 생명줄 드리웠을텐데.
지금은 댐에 갇힌 채 모두 좌절하고 있다.
강물은 원래 흐르라고 있는 것이다.
흐름이 곧 존재이다.
존재의 의미를 상실한 동가강은
고구려 역사를 삼킨 죄의식에 절망의 신음을 토해낸다.
인간의 절망은 아름답지 않다.

쓸쓸할 뿐, 회한까지 느끼게 한다.
자연의 절망은 아름답다.
처연하지만 비장미 가득차고, 섬뜩한 아름다움 뿜어 낸다.
한 겨울의 동가강은
얼은 몸 둘레 둘레에 하얀 눈껍질 두른 채
자연의 외경이 무엇인지를 인간에게 쏘아 부치고 있다.

세상을 본다. 태왕이 되어 세상을 본다.
고구려의 태왕들은 왜 이곳에 다니러 왔을까?
저 남쪽 평양으로 도읍을 옮기도도 왜 몇 달씩 허비하면서 먼 길 걸어 이 졸본을 찾았을까? 졸본은 그들의 고향이었고, 신들의 원향이었다.
더 멀리 인간의 이익을 좇아 떠난 이들은, 인간에게 너무 가깝게 다가선 그들은 다시금 하늘의 정통성을 받는 의식을 행하지 않으면 안된다. 그래서 먼 길 순례자가 되어, 하얀 눈을 맞으며 이 곳을 찾아왔다.

주몽이
망망의 초원을 떠나
헤아릴 길 없이 많은 강물 건너고
말 타고 달려와 만난 산
아비인 해모수가 모는 오룡거가 착륙한 산(웅심산)
어미인 유화가 두레박 타고 내려온 천지(웅심연)
아비와 어미가 옛 살 두루 섞어
고구려의 흰 胎를 심은 곳
아비는 올라가고, 어미가 남겨진 곳
그래서
고구려 태왕들은
떨구어놓은 하늘 피 묻히려, 하늘 손길 잡고
하늘 뜻 받으려
어린 순례자가 되어
졸본을 찾아 제사 올렸다.
한 겨울에 눈 쌓인 이 산에 올라
하양눈으로 신들과 어울렸다.

산.

주몽이
터 터의 사람들을 불러 모아
인간세상을 열은 신시
그가 옛 터전, 단군의 터를 찾겠다고 하늘에 告한 곳
그의 열정, 단단한 힘이 배인 산
그가
오색 기린마 부리면서 하늘로 올라 다니던 산
그가
할 일 다 마치고
인간세상의 한 일을 다 접은 채
눈 꽃같은 옥채찍 남기고 승천한 산

옥채찍을 둔 곳은 어디?
천지 깊숙한 물결
동굴 속 어둠
아니면
고구려 사람들의 하양 마음결.
옥채찍은 고구려 사람들의 보물이었다.
환웅이 품안에 넣어온 三種神器처럼
고구려가 평생

모시고 받들어온 보물이었다.
그들은
정월 보름날
하양 눈이 세상을 하나로 만들 때
꽉 찬 달덩이가 눈밭에 뒹굴며
되새김질해서 노란 물 토해낼 때
이 산에서
새하양 사발에 맑은 물 부어
눈 덮인 바위 위에 올려놓고
빌고 빌면서
마음 정하게 하고 하늘을 마냥 그리워했다.

오녀산의 점장대는 신령스러운 터였다.
신들이 산다면 이런 장소를 놔두고 또 어디에 있겠는가?
사람들은 지금도 신을 그리워한다.
하물며 역사조차도 때로는 신을 그리워하는데.
신이 없다면 인간에게 무슨 희망이...

고구려의 역사는 생각 만해도 장쾌하다.
얼음 꽃보다 더한 투명함과 비장미로 차있다.
눈 덮인 옛 고구려 산하는 아름다움이 철철 흐른다.
어둠이 잿빛결을 만든다.
결이 눈 위에 깔리면서 色을 잉태한다.
시간이 스미면서 色을 토해낸다.
걸음을 재촉한다.
성 안의 능선을 바삐 걷는다.
뒤 쪽의 능선 아래로는 군사들이 진주했거나 馬道로 보여지는 넓은 공간들이 횡으로 이어지고 있다.
눈 속에 남겨가는 발자국이 점점 깊어만 진다.
황혼이 스밀 겨를 없이 어둠이 흙먼지처럼 흩날려 온다.
휘휘 늘어진 나뭇가지들이 하얗고 둥근 선을 만들어 나를 편안하게 안아준다.
곧 다시 성문 앞에 도착했다.
내려가는 레일에 올라탄다.

성벽을 본다.
하얀동공으로 남은 성문자리를 본다.
눈으로 하나가 된 세상에도 선들은 그어져 있다.
선이 안보여도
다름이 있음은 누구나 다 알고 있다.
하늘을 본 자에게 線은 낙인처럼 보인다.
가죽 장갑 벗고
맨 손으로 흰 눈 한 웅큼 쥔다.
살점이 차가워진다.
얼은 얼굴에 대어본다.
눈에 백인 하늘을 이빨로 씹어본다.

난 다시
인간세계로 내려간다.
하늘을, 꿈을, 기운을 안고
역사 속을 떠나 현실로 내려간다.
몸을 돌려
마음을 돌려

산을 본다.
산을 본다.
궤도차가 느릿느릿 내려간다.
털커덕 털커덕
눈 산이 멀어가고
눈 밭이 다가온다.
새하얀 살점들이 혼 불마냥 흩날리고
눈발 부서져 날리면서 연기가 눈알을 적신다.

벼랑 밑
올라간 입구로 다시 돌아와
사람들 만나고, 그들의 얼굴 찬찬히 뜯어 본다
산을 찾은 이와 산을 보는 이
산을 오른 이와 산 밑에서 기다린 자
나의 역사로 대하는 이와 남의 일로 대하는 자
그래도
새파랗게 흩날리는 눈발은
그들과 나의 긴 간격을 메꾸어 준다.

찝차에 올라타고 산을 내려간다. 산길은 구불구불 아래세상으로 뻗쳐있다. 골짜기 좁은 틈바구니들에 거뭇거뭇 밭들의 흔적이 보인다.

동가강가에 선 채로 멀리 오녀산성을 올려다본다.

땅도 산도 아닌, 하늘도 아닌 우뚝 솟은 덩어리가 하나 있다. 고구려인들이 늘 보았던 산이다.

넓은 터에 뿌리박고 사는 고구려인들이 늘 가슴에 담아두던 산이다.

어쩌면 解明태자가 아비인 유리의 명을 거역하면서까지 졸본을 못 떠난 이유는 이 산 때문이 아닐까? 하늘로 올라가는 이 산 곁에 끝내 머물고 싶어서가 아닐까?

할아비의 혼을 그리워하는 손주놈의 응석 때문이 아닐까?

그리고 그 산기운이 그득 차

몸도 마음도 함부로 굽히기 싫어서가 아닐까?

그래서

해명은 자결을 택했다.

아비의 뜻을 거역하기 싫어 사람들의 만류를 뿌리치고 큰 꿈을 내생에 맡긴 채 투명한 죽음을 택했다.

해명은 유리왕의 태자이었다.
활을 잘쏘고, 기개가 대단해서 주변의 큰 나라들도 두려워 떨었다.
해명(解明)은 해의 밝음(東明)이란 뜻이다.
유리왕이, 어쩌면 주몽이 지어주었을지도 모르는 이름.
고구려의 희망이 그의 존재이유이었다.

아비인 유리왕은 도읍을 압록강가의 국내성으로 천도하였다. 하지만 해명은 졸본에 그대로 남아있었다. 그의 강함과 자존심은 아직은 소국인 고구려가 감당하기엔 버거웠다. 임금인 아비는 그를 만류했다. 하나 그는 사내였고 젊었다. 채운 뜻이 너무나 커서, 나면서부터 보고 뛰어논 졸본의 산이 준 氣가 너무 곧고 강해서 굽은 현실을 받아들일 수가 없었다. 아비는 끝내 자식에게 칼을 보냈고, 아들은 삶 대신 빛을 택했다.

동쪽 뜰
늘 해가 처음 떠오르는 곳,

오녀산이 바라보는 어디쯤에
긴 창들을 당나무 숲처럼 꽂아놓았다.
벼려진 창끝들 하나하나에서 햇살이 베어지며 눈물방울 흘리고 있다.
그는
말 타고 달린다.
웃으면서
할아비처럼, 아비처럼
부여마를 몰고 창 숲을 향해 맘껏 달린다.
그의 눈에
푸른 오녀산이 잠긴다.
해모수의 오룡거가 질주한다.
기린마를 탄 주몽이 옥 채찍을 휘두른다.
흘승골의 벌을 달려
창 끝에 매달린 햇살을 몸에 꽂으며
핏물은 햇물로 버무려지고
햇물에 뜬 몸뚱이는 하늘로 흘러간다.
고구려의 힘을
역사에 남긴 채.

이렇게 해서 졸본은 신들의 공간, 조상들의 터전이 되었다.
오녀산은 신관들이 살고,
한 해에 한 번 씩 날 잡아 고구려인들은 제사지내러 산으로 올라가는 행렬을 이루었다.
이런 생각이 난다.
고구려인들은 곳곳에 네모난 피라밋 모양의 무덤들을 만들었다.
어떤 무덤은 계단의 윗부분에 구멍을 뚫고 묘실을 만들었고, 그 무덤의 맨 꼭대기에는 나무사당을 지어 하늘에 제사를 지냈다.
 그런데 혹시 그 무덤들은 이 오녀산성을 본으로 삼아 만든 것이 아닐까?
웬지 그런 생각이 든다.

눈길을 찜차에 실려 달리다가 시내로 돌아왔다.
저녁, 어둑어둑한 환인시내로 산책 나갔다.
눈의 환영, 눈의 마음이 하늘과 산을 대신해 밤을 채운다.

기온이 한참 떨어졌다. 영하 25도 정도 된다.
얼굴결은 싸하지만 살결을 찌르거나 아프지는 않는다.
추위의 생생함이 혼결 살결을 예쁘게 파고든다.

오녀산성의 눈빛에 찔린 초생달
달빛은 눈가루 속에 어떤 모습으로 번져나갈까
그 직벽에다 어떻게 발끝 디뎌가며 노란 살결들을 부벼댈까
달물들을 어디에다 묻히고 다닐는지
천지의 얼음바닥에 미끌어지진 않을까?
이 밤.
그 곳엔 누가 있을까?
달빛 말고, 눈결이나 눈밭 말고.....
발자국 남겼던 산토끼들은 곤히 잠들었을까?
텅 빈 거리를 걷는 몸위로
하얗게
달의 살점들이 부서져 날리고
눈의 살점들은
손바닥에 얼굴에 종아리에 아름다운 業으로 만나
어여쁜 새하얀 인연을 짓는다.

주몽의 옛 터를 걷는 내 몸뗑이로
역사의 살비듬들이 눈발로 흩날린다.

난
눈 속에
역사와 마음을 비워간다.

천마산의 눈꽃(해모수의 天降)

옛날 옛날
아주 먼 옛날
때로는 아름답고
때로는 그리움에 허우적거리다
못내 쓰러지는 꿈같은 나라
하늘나라의 아릿한 이야기이다.

하늘나라가 있었다더라

하늘나라엔 아무것도 없었단다.
이 나라엔
서걱서걱 얼었다 풀린 땅을
새초롬하게 물들이는 봄날도
훌훌 벗어부친 알몸에
시원스레
물바가지 껴 얹는 여름날도

눈물로 채워도 채워도
한없이 떨구는 낙엽의 사연도
그리고 긴 밤 내내
하얀 눈에 푹 파묻혀 그리움에 혼절하는 겨울도
없었단다.
언제나
졸음에 사그라질 듯 따뜻하고,
슬쩍 슬쩍
할미꽃의 싸한 보라빛 솜털을 손잡아 일으키는
바람결만 떠도는
마냥
행복하고 보드라운 곳이었다.

하늘나라엔 없는 것 없이 모든 게 다 있었단다.
이곳은 모두 하나이었다. 모든 게 하나로 되있었다.

잔잔한 풀이피리
해파름한 살빛에 토독토독 튀는 돌멩이들
솜털 보송보송한 애기구름을

꽃뱀처럼 사그르르 베고 스치는 사춘기의 주홍 바람결
눈 땡그란 아기사슴이며
호랭이 할아버지
천방지축으로 헤갈하는 다람쥐떼 까지
모두 한 줄이었다.
그리고 꼴찌로 닿아
땅에 숨빨대 콕 박은 사람들까지도
모두 모두
구별없이 한 동아리지는 크은 항아리였다.

그 곳에선
한결같이 아름답고
예쁘지 않은건 하나도 없었다.
모두가 하나이고 나 스스로이니
귀하고 예쁜건 당연한 일이었다.

뿐 만 아니라
하늘나라는
말이 필요가 없었다.
애당초 우주엔 말이란게 있지 않았다는데.

봄 날 첫 빛 맞이한 봉숭아 꽃잎만큼 보드라운 눈 길
황혼녘
긴 강물에 타들어가는 햇덩이처럼
활발그레한 입술을 가졌지만
말마디 던질 필요
손길 느낄 필요 없었다.
모두가
그저
마음 하나면 되었다.

새끼사슴 마음 열면
호랭이가 안아주고
곰바위 어리숙하게 눈물 흘리면
갈참나무
사그락대는 마음으로 어루곤했다.
한 사람은
여러 사람들을 다 사랑하였고
많은 사람들은
한 사람을 가득가득 사랑하였다.
모두 모두

마음 사랑
모여
흘러 넘치는 나라였다.

마음껏 편히 놀고
제 흥 껏 춤추고
맛난 것도
흔전만전 흐드러지고
흐르는 물에
맨 입대고 마실 수 있는
연보라색
제비꽃 같은 꿈나라였다.
참견할 것 없고
간섭 받을 일 없이
모두
제 분수껏 지내면 되었다.

그렇지만
이 하늘나라에는

어느 누구도 깰 수 없는
어느 것도 범접할 수 없는
심지어는
하늘님마저도 어쩔 수 없는
금기 하나 있었다.

그것은 사랑이었다.
하나가 하나 만을
한 사람이
한 사람 만 좋아하는 일은 안 되었다.
모두가 모두를 사랑하는 세상에서
그 만큼
크나 큰 죄는 또 없었다.
누군가
만약 어긴다면
가장 무서운 벌,
모든 걸 내버린 채
홀로
깨진 두레박에 매달려
하늘나라 떠나

저
까마득히 먼
아래 세상으로 내쫓김 당하는 것이다.

그런데
하늘나라엔
젊디 젊은 사람
마음 넓고 의젓한 청년 하나 있었다.
바로
天馬.
달릴 때면 피빛 땀방울 떨굴다는
전설속의 명마
汗血馬, 페르가나를 기르는 목동이었다.

폭풍같은 열정으로
햇빛갈기 넘실대는 말 잔등에 올라 타
황금 박차 차면
천마는 구름 위를 떠서 질주하며
새털구름의 마음 헝클어 놓고
피빛 땀방울은 바람에 날리다

황혼녘 꽃비로 날리곤 했다.
목동은
마음이 여려
청댓잎 설스런 푸른 날에
아기바람의 여린 살결이 베어지면
눈물 그렁그렁대며
무르팍 싸안곤 했고.
잘 익은 달덩이가
한 쪽 씩 떨어져 나가면
가슴알히하며 밤들을 겅중겅중 뛰곤했다.

하지만
흙파며 질주하는 말 잔등위에서
시 쓰며
때때로 눈 살짝 감은채
우주의 깊은 속살을
맛깔스럽게 헤집어내고.
하늘나라에선
누구도 갖지 못한
겨울바다의 폭풍 같은 열정이

온 몸 매디매디에
꽉 차 흘러넘치는 청년이었다.

어느 날
(그 날은 운명의 날.
하늘나라에 새 세상 열리고
헌 세상에 새살들 돋아나는 날이었다.)
목동은
페르가나의 흙빛 고삐를 바싹 채며
알타이산 꼭대기에 판 우물
하늘못
天池로 물을 길러갔다.
수 억겁 의 투명한 물로
별 탈 없이도 목젖 따갑게 쪼는
아지 못할 갈증 삭히려고
슬그머니 차오르는
맨 가슴의 신열 다독거리기 위해,
그리고
날마다 동틀 녘 어머니가 올릴

장독대위 사기사발 채울 정안수 뜨기 위해
보름달이
둥두렷이 뜨는 날 천지가로 내려갔다.

어제도 그제도 ……
늘 상 그랬듯이
이 날도
말 잔등에서 내려
페르가나의 햇빛갈기, 벌름거리는 콧잔등 쓸어주고
자작껍질 말다래 주머니에 넣어둔
녹청 청동주발을 꺼냈다.
헤진 소매 끝으로
정성스레 훔친 다음
갈대밭 옆 풀위에 양 무릎 괴고
진중하니 물 속에 담갔다가
넉넉하게 담아 올렸다.

그런데
광 번쩍번쩍 나서 거울삼아 쓰는
청동주발 안에서

한 덩이 보름달
휘영청 솟더니
넓고 푸근한 속을 꽉 채우고
주발의 녹청빛을 금빛으로 녹여 버렸다.

달은
나뭇가지 끝에 사그르르 걸리던 달
어둔 산자락 비탈에 앉아
올빼미들과
말동무하던 달
그 달이 아니었다.
눈썹이 새까맣게 가라앉아
똥그란 눈은
말없는 말을 건네고,
입술은 발갛게 익어
늦가을
배고픈 어미까치 기다리는
터진 연시의 주홍 속살처럼
정분을 쏟아내고 있었다.

아!
달은 사랑이었다.

보름달은
천산의 장엄함
천지의 정결함
청동주발의 성스러움이
한데 얼려
사랑 덩어리로 되었다.

목동은
그만 달을 사랑하게 되어
아무런 걸림 없이
그저
천지가에 걸터앉아
녹청의 청동주발을 껴안은 채
보름달만 바라보며
긴 밤 내내
꼴깍 지새웠다.

보름달 역시
차마 자릴 못 떠
갈길 멈춘 채
주름 살짝 접힌 입술가를 만지작대며
빙빙
목동과 천마의 주위를 맴돌았다.

그 날 새벽녘
멀리 동녘서 솟아올라
짠물 톡 톡 떨구면서
천산으로 길 재촉하던 해
깜짝 놀라
걸음을 멈추고
눈물 쏟는 목동과 보름달 보며
망설 망설이다
도로
물속으로 잠겨 돌아가 버렸다.
아침 해의 몸에 묻은
아릿한 아픔이 작은 멍자욱으로 번졌다.

목동과 보름달은
낯익은 얼굴 마주한 채
붙잡을 수 없는 손길 허우적대며
청동주발의 녹청만 문지르며
천지 가 빙빙 돌며
마냥 세월을 보냈다.
그 들 외에
우주엔 어느 것 하나
이미 존재하지 않았다.

다음 날
또 다음 날
새벽걸음 하는 해는
멀치감치서 눈치 보며 기웃거리다
발길
슬며시 돌리고
되돌아왔다가는
이내 돌리고 …….

하늘나라엔

이제
낮빛이 사라지고
밤만 있을 뿐이었다.
잠자리 들 때도
깨어날 때도 알 수 없고
늘
으실거려
모두들 누우런 얼굴 한 채로
서성거렸다.

그것 뿐 만 아니었다.
질서가 흐트러지고
하늘나라 곳곳에는 눅어있던 감정들이
새솔 새솔 봄 쌓처럼 피어 올랐다.
천지가의 부석, 차돌멩이, 풀잎, 산꽃들, 버섯, 백양나무 같은 나무들 사이에서
소살 소살 피어오르더니
이내
청솔모 수달 산토끼 이리 사슴 곰 범에 이르기까지
전염병 돌 듯 아지랑이처럼 감싸더니

나중에는 하늘나라 전체에서 피어올랐다.

모두가 모두를 사랑하는 일 더할 나위 없이 소중하지만
하나가
꼭 하나 만 사랑하는 것도
귀하고 의미있는 걸 느끼기 시작했다.
아름다움이었다.
사랑,
하나만을 느끼고 만지는 사랑은 아름답고 귀한 것.
하지만 그것만 있어선 안 되었다.
그렇게 되면
하늘의 법도는 깨지고
하늘에 안겨
모두가 모두로 되는 세상은
어데서고 더 이상
지탱될 수 없기 때문이다.
마음에 마음으로 이어지는 세상은
더 이상
존재할 수 없기 때문이다.

하늘나라에선
오랜 만에
큰 회의 하나 열렸다.

하얀 봉오리 아래
넓직한 마당에 큰 너럭바위 놓여지고
둘레로
하늘나라의 온갖 것들 모여서
한 축은 앉고, 다른 한축은 둘러선채
마음으로 마음으로
열심히
목동과 보름달의 슬픈 사랑을 이야기 삼았다.

"어쩔꺼나 어쩔꺼나
그들의 사랑을 어떻게 하며
우리들의 사랑은 어떻게 하나"

명주 실꾸러미처럼 마냥 끝 모른채 풀려만 가던
고인돌 회의는 마침내 끝 나고
힘겹게

모두들 입을 모아 물었다.

"여기 남아 하나 대신, 보름달 대신 모두를 마음으로 사랑하겠느냐?
아니면
하늘 떠나 땅에 내려서 몸으로 하나가 되려느냐?
꼭
땅을 딛겠다면
한 달에 꼭 한 번만 보름달 만나게 해주고
1만 년 꽉 채운 다음에 다시 하늘로 올라올 수 있도록 하겠다."

목동은 마음 가눌 길 없어
서러움에 푹 젙은 눈물 콸 콸 쏟아냈다.
청동주발 채운 눈물 속에서
보름달의 애간장은 새까맣게 타들어갔다.
모두와 이별하고
정안수 떠놓고 비는 늙은 어머닐 떠나고
보름달조차 늘 볼 수 없다니 ……

낯선 곳으로 가는 일은
서럽고 서럽고
슬픈 일이었다.

1만 년의 긴 기다림
한 달에 오로지 한 번의 만남
가슴깊은 만남이란?
새 세상에 대한 호기심은?

天降.

마침내
목동은 꿇었던 두 무릎을 폈다.
천산 흰 머리를 우러르고
천지 물 한 바가지 떠서
타들어간 입 가심하면서
몸뚱일 솟구쳤다.
가슴에 놓아둔 사랑 무섭게 다독거린 채

하늘 떠나
저 아래 쪽 세상으로 지친 몸 던진다.

순간
한 마리 늘씬한 천마
흰, 맥궁같은 날개 펄럭거리며
태양의 옆구리를 세바퀴 회전하다가 활강하는 광경이
인간들 눈에 띄었다.
찰라
천마의 긴 눈썹 가에
반짝 반짝 빛이 일더니
세상은 온통 하얘지고
눈들이 송알 송알 떨어져 날린다.
천마의 눈물
하늘 떠난 목동의 눈물은
눈꽃으로 환생해 온 누리 하얗게 덮는다.

사람들은
눈 꽃의 의미를 모른 채 즐거워한다.
더더구나

어린 목동의 도려낸 살점인 줄 몰랐다.
그런데
한 해 두 해
10년 100년이 지나면서,
보름달이 산 꼭대기 하늘 높이 뜰 때마다
천마의 주홍빛 울음소리 떠 돌고
때 맞춰
소리따라 흰 눈 펑펑 쏟는 걸 알아차려 갔다.
사람들 입에선 차차
보름날 떨어지는 눈송이는
'목동의 사랑'이라는 속삭임들이 떠돌았다.

목동은
세상에 내려온 걸 후회 않했다.
서러워, 슬퍼할 리도 없었다.
다만
한 달에 단 한 번 천마등에 탄 채 보름달 만나고
땅으로 귀향할 때는
서러움이 복받칠 뿐이었다.

세상은 재미로 가득찼다.
화난 일
슬픈 일
좋은 일
나쁜 일
모두 골고루 섞여 복잡해도 재미난 곳이었다.

봄바람의 심술로
민들레 꽃씨들이 흩날려도,
뽀드득 말끔하게 닦인 돌멩이에 흙물이 들어도
별 탈 없었다.
여름날 햇볕이 구름 뭉게뭉게 달궈
소나기로 퍼붜도 좋고
잘 익은 은행알을 다람쥐의 흙발로 굴려대도 가을은
아름답기만 했다.
깨진 돌멩이, 부러진 나무막대기, 절뚝거리는 산돼지들, 못난 사람들 …….
모두 모두를 사랑했다.
때론 미워하다 때론 사랑도하며 끝이 뻔한 삶을 향해

재량껏 달려가고 있었다.
1만 년 다 채우면
다시금 회향할 하늘이 있지만
어머니의 기다림이 있지만
그래도 정 붙이고
살아갈 재미있는 터이었다.

겨울 천마산엔
눈이 늘 푸근하게 쌓여있고
보름달이 하늘 가운데로 둥두렷이 떠오르는 날이면
천마의 울음소리가 길게 끌리며
하얀 눈이
펑펑 쏟아져 내린다.
그리고
다음 날엔
눈 밭 달리는 목동의 그림자 어른거리고
그 위론
놀러온 아이들의 웃음이
발자국 내며

떼굴떼굴 굴러간다.

'고굴 고굴'

일송정

천 수백 년 전
한 여인이
채 덜 익은 솔씨 한 줌
흥녁케 흩뿌렸다.

버선발로 황급히 달려 올라와
헐떡거리는 숨결 채 고를 새 없이
잘 익은 산 잔등
삼태기 같은 들판
멀리
뉘엿뉘엿
석양햇살로 익어가는
긴 강띠를 보면서
올 성근 삼베적삼 풀어
뽀오얀 조疵 꽃잎 같은 흰 젖 꺼내
갓난 새끼의 잇몸에 물리듯
바람결에 고소한 젖내음 흘려

붉은 흙덩이들과 걸그므레한 돌덩이들
골고루 적시고.
그 위에
흰 손가락들 새로 솔씨 한 웅큼
휘휘 뿌려대더니
눈물 삐죽 배인 웃음기 흘리면서
스러졌다.
어딘가로 스러졌다.

유화가
비둘기 부리에 오곡씨알들 물려
황망히 길 떠난
어린 주몽에게 에미 마음, 에미 살결을 베어주듯
한 여인
그 새끼 새끼들에게
푸른 나무로,
하늘보다 더 파아랗게
물결보다 더 옹골차게
산보다 더 오래 자릴 지키며 자라라고.
나라가,

조상들의 나라
손주들의 나라가 망하던 날
피적삼의 옷고름마저 채 못 여민 채
산능선 달려 올라와
생솔씨들을 휘휘 뿌려댔다.
소나기 빗결처럼
새벽녘 별똥처럼
그믐으로 넘어가는 달 부스러기처럼
이 산과 들 저 너머 아득하게 먼 곳까지 뿌려댔다.

그 후
한 해 두 해
바람이 익어가고,
햇살이 결어 얼룩지고
강물이 번져 바래가고
세월이 흘러가면서.
한 씨알 한 씨알
연푸른 살점 티끌처럼 틔우더니
한 그루 한 그루로
생생하게 살아남아

온 산은 소나무 동산으로 태어나
또 하나의 태백산,
흰 산, 靑頭山이 되었다.

배냇터를 쫓겨나
정처없이 말달려온 사람들은
강가 동산 덮은
짙푸른 솔숲을 보고
슬며시 슬며시
눈치껏
산 언저리로
들녘과 강 언저리에 모여들어
얼기설기 서툰 둥지 틀다가
주춧돌들 깊숙이 깔고, 생나무 박아가며
다시 새 터 짓고 ……
그렇게 그렇게
사람들은
꾸역 꾸역 더 모여들며 마을을 세웠고,
마침내 또 하나의 고구려
꿈의 새끼

해동발해 만들었다.

그리고
한 해 두 해
세월은 세월을 낳고,
세월 속에 역사는 지워져가고.
새끼 잃은 어미
어미잃은 새끼들의 울음소리마저
끊어져
흙은 흙으로 더 붉어지고
강물은
내려와 멱감는 소녀 하나 없고
찍어낼, 솎아낼 나무조차 사라진 동산은
훔쳐볼 나무꾼의 눈길조차 거둬간 채
천년 가까이
무료하게 보내다가.

다시
여인의 새끼들, 또 그 새끼들의 새끼들이
흰 옷에 핏칠한 눈물 적시며

가진 것 다 앗긴 채
보따리 몇 덩이에, 걸리고 업힌 새끼들 끌고
기약 없이 헤매다가 찾아들어
귀향인줄도 모른 채
그저 다리쉼 하려니 하다가
꿈길 좇아,
그 옛날 우물자리
유화가 해모수 만나고 주몽을 生한 龍井(용드레우물)
찾아내
그 물
옛 물 마시면서
강가와 들판에 터잡고
남쪽의 잃어버린 땅, 옛날의 잊혀진 역사를 찾으려
밭 갈아, 논 갈아
배불리 먹고, 새끼들을 키워가며
활 대신 총 들고
고구려병사 대신 독립군이 되어갔다.

멀리
산, 하늘이 만나

까만 선, 까만 면을 그린
琵安山 언덕
솔 숲 가운데 훌쩍 큰 한 그루 보면서
옛날 일,
환웅이 타고 내린 태백산
곰이 정안수 떠놓고 빌어 새끼품은 신단수 떠올리며
자그마한 神市
일송정 짓고,
한 줄기 해란하 보면서
한배새끼들을 다독거려갔다.

전쟁이 벌어지고,
청산리 봉오동은 모두의 승리
일송정엔 우등불 피우고
산길 따라 백두산과 만주벌판으로
해란하에 실려 두만강 따라 조선땅으로, 바다로 번지는 불그림자 보면서
덩실덩실 춤추고
다시
이 곳에

조선과 고구려 발해를 이은
새나라 세우려는 꿈들에 들떴다.

하지만
터는 늘 때를 고르는 법
때는 사람을 저울질 하는 법
조선의 매운 꿈은
태풍 끝물의 싸리 꽃잎처럼
하얗게 서글프게 날려
용정의 붉은 흙 덮고
사람들은 숨죽인 채 말없는 농사꾼이 되어갔다.
그리고
한 그루 소나무마저
독물 삼켜
누렇게 말라 비틀어져 갔다.

그렇게 그렇게
다시
다시
세월이 흐르고

<u>또 흐르고</u>

어느 한 날
백두산 천지물 몸에 내리받은
한 여인 찾아들어
흑곰의 진 인연 치마폭에 받은
한 여인 찾아들어
까만 곰가죽 쓴 채 生한
한 여인 찾아들어
깜장 적삼 안 흰 젖 둘 꺼내
말라 비틀어져
황토에 신음자국 그어가는 소나무에
젖 향기 날리고
파란 입술에 꼭지 물려 싸리꽃 같은 젖
콸 콸 쏟아낸다.

젖비가
몸뚱이 실뿌리 매디까지 펑하니 적시고
대륙의 흙덩이를 흰죽처럼 반죽하고
산등성이 골 골로 그득 스미면서

흘러 흘러
천 년 가문 해란강에 새물길 낸다.

들판에는 초록 덩어리들 뒤엉기고
뉘엿뉘엿 익어가는 햇살
永劫의 눈길로 담아낸 여인
모두를 모두를
살고 죽은 모든 걸
지긋이 둘러본 후에
가파른 산길
사분사분 걸어 내려온다.

싸리꽃 무더기에서
보라빛 살결 살짝 드러낸,
도라지 꽃잎에 번진
새벽 이슬에 무쳤던 달결자욱 보면서
빙긋 웃음 띄우며
발가락 새에 걸린
끊겨진 풀잎파리 서 너 개 주워 올린다.
그리고

漆먹인 긴 고름 풀고
햇빛 젖가슴에 녹빛 이파리로 햇살문신 새긴다.
먼 훗날
이 곳에 발걸음 해
다시 또
말라 가는 소나무에
흰 젖 먹여줄
역사의 어미 마음으로.

……
하늘 뚫고
새파란 바람살이 날라와
내 초록 허벅지에 꽂힌다.
새하얀 피내음이 일송정을 떠돈다.

고구려 겨울

2010년 6월 12일 초판 1쇄

지 은 이 · 윤명철
발 행 인 · 권혁재
펴 낸 곳 · 학연문화사

등록 · 1988년 2월 26일 제 2-501호
주소 · 서울시 금천구 가산동 371-28 우림라이온스밸리
　　　B동 712호
전화 · 02-2026-0541
팩스 · 02-2026-0547
E-mail · hak7891@chol.com
Homepage · www.hakyoun.co.kr

ⓒ 윤명철, 2010
저작권자와 맺은 협약에 따라 인지를 생략합니다.

잘못 만들어진 책은 바꾸어 드립니다.
책값은 뒤표지에 적혀 있습니다.